AF276916

Carmen de Burgos

Sobre las artes noruegas
y otros ensayos literarios

1.ª edición, 2024

© Guillermo Escolar Editor SL
Avda. Ntra. Sra. de Fátima 38, 5.º B
28047 Madrid

Directora de la colección: Eva Ariza Trinidad
Diseño de cubierta: Javier Suárez
Maquetación: Equipo de Guillermo Escolar Editor

ISBN: 978-84-19782-54-0

DEPÓSITO LEGAL: M-9225-2024

Impreso en España / Printed in Spain
Kadmos
PI El Tormes, Río Ubierna 12-14
37003 Salamanca

Carmen de Burgos

Sobre las artes noruegas y otros ensayos literarios

Guillermo
Escolar
EDITOR

GRANDES HOMBRES NORUEGOS[1]

La literatura noruega es la menos estudiada, al menos directamente, y, sin embargo, es ella la que ha inyectado su savia en toda Europa, dejando sentir su influencia en la literatura germana, inspirada en ella.

La época primitiva de su literatura, esa época llena de encanto que no se supera jamás en los siglos de clasicismo, ha estado perdida, oculta, durante mucho tiempo. Cuando la introducción del cristianismo en el norte, todo escrito que tenía relación con la antigua religión del país era mirado como impío, como una obra del diablo; si estos

1   Artículo publicado en *Por esos mundos*, núm. 259 (1 agosto 1916), pp. 198-203.

manuscritos que se han conservado hubiesen caído en manos de gente ignorante, se hubieran perdido para siempre.

Esos tesoros primitivos están escritos en lengua islandesa, venerable madre de todos los dialectos góticos, antiguamente lengua viva en los tres reinos escandinavos, y hoy relegada solo a la pequeña isla de Islandia. Esa lengua, llamada otras veces *nor Ranatunga* («lengua del norte»), fue con el tiempo completamente corrompida y acabó por perderse entre las lenguas modernas de Dinamarca y Suecia. Felizmente, la Islandia había sido descubierta y poblada por algunas familias noruegas, huyendo de la persecución política, y ellas conservaron su idioma en toda su pureza, de modo que esa lengua tan rica, tan expresiva y tan poética, se encuentra viva en Islandia, cuando ya había muerto en los tres reinos escandinavos.

Gracias a esta feliz casualidad, no se ha perdido esa lengua, que hoy se enseña en los pueblos de origen gótico como se enseña en los nuestros el latín, pues el islandés es para el noruego, el danés y el sueco lo que el latín para el francés, italiano, rumano, español y portugués. En él se encuentran las etimologías de todos los nombres y el genio de la lengua.

Su libro sagrado, el *Edda*, y los libros de su vieja historia (sagas), se han divulgado gracias a las traducciones latinas del célebre sacerdote islandés Saemund Sigfusson, que recogió todas las rapsodias de los escaldas o primitivos trovadores, y las tradujo al latín. Otros muchos filólogos han contribuido a esta divulgación, tales como Snorri Sturluson y, en época reciente, Finn-Magnussen.

Esos cantos y esa literatura han influido no solo sobre la literatura escandinava, sino sobre la alemana, que tiene en ella su fuente. La poesía épica alemana es toda escandinava. Sus *Nibelungos*, gesta más complicada que las españolas y francesas, está inspirada en los mitos contenidos en el *Edda*. El Kaiser actual, reconociéndolo así, regaló a Noruega la estatua del Viking Frithof, que es el verdadero Lohengrin.

Lo curioso es observar cómo esta literatura ha tenido una influencia distinta en ambos pueblos. Alemania conserva el sentido guerrero de aquel pueblo, que la primera virtud que premiaba en su cielo era el valor. Para los guerreros esforzados estaba el Walhalla en Asgard, y allí las Walkyrias los colmaban de delicias, y la diosa Gir curaba sus heridas con un milagroso jugo de berenjenas. En cambio, para los que morían de enfermedad o de vejez, estaban los dominios de la horrible diosa de la muerte, desterrada de la corte de Odín por su fealdad. Así, todos ansiaban morir en las batallas, y los que no lo conseguían, al sentirse enfermos se abrían las venas para no morir de enfermedad.

Wagner, que ha amado tanto sus leyendas, que las ha hecho suyas, que las ha poetizado, compuso con ellas admirables óperas épicas, en las que el sonido revela el alma entera de los viejos *viking*.

En cambio, los grandes noruegos se han dejado ganar más por la influencia viva del ambiente que por la influencia literaria. Hasta que se visita Noruega, no se comprenden bien estos genios del norte.

En casi todos ellos hay una exaltación vehemente al par que una melancolía invencible. Son los dos polos entre los que oscila el carácter escandinavo. Es una lástima establecer separaciones entre esta península y Jutlandia, porque, para estudiarlos bien, no se pueden descartar las influencias mutuas.

Søren Kierkegaard, el impío romántico danés, que murió de locura y de miseria en un hospital, fue como un faro en el que han puesto sus miradas todos los grandes, y Oehlenschläger fue el pontífice del romanticismo literario de los tres reinos. No se puede estudiar a los noruegos sin mencionar esos dos daneses, y, en la actualidad, a Georges Brandes, que encauza, eleva y educa el gusto literario de las tres naciones con sus admirables estudios de crítica, dentro de la más completa libertad.

Mayor diversidad hay entre suecos y noruegos que entre estos y los daneses. Los suecos se acercan más a la modalidad alemana. Hupman, Tegner y el gran August Strindberg pueden servir de ejemplo.

La modalidad de los noruegos es distinta; son más personales, más espontáneos en el sentido de sinceros, aunque aparecen reconcentrados, reflexivos, filósofos, por la costumbre de pensar y mirar hacia adentro, en la melancolía dulce de sus montañas y sus fiordos. Se unen mucho al alma del país, y están llenos de ideales puros, rectos, tal vez porque su lucha no es la lucha ruda de nuestras grandes ciudades y no les desvanece su público. Es el suyo un arte más austero, más metódico, sin esa concesión que se le hace al público de la frase sonora y el concepto fácil para ganarse su aplauso.

Su escritor, que consideran como más clásico, es Ludvig Holberg (1684), y, sin embargo, es el menos influido por su país. Se le ha llamado el Molière del Norte, porque él, como nuestro Moratín, fue un enamorado del escritor francés; Holberg supo ser cosmopolita y permanecer noruego. Inyectó en su literatura patria, más por la forma que por el fondo, un soplo de las ideas universales. Poeta, dramaturgo y filósofo, ha legado un gran tesoro a la literatura de su país; él ha sido el que ha creado su idioma literario. Sus comedias están impregnadas de un espíritu francés: *Juan de Francia*, *El vacilante*, *El aldeano hipotecado*, especie de *Médico a palos*, y el *Estado de señoritas*, que recuerda *El sí de las niñas*. Como historiador, realizó labor importante, y su *Viaje subterráneo por el Nilo*, escrito en latín, lo hizo famoso en toda Europa. Malquisto en su país por su sátira, digna de Voltaire, *El Político*, acabó sus días en Dinamarca, apasionándose en esta última parte de su vida de la filosofía de Montesquieu, pero impregnándolo todo de una fina ironía espiritual digna de Swift.

Otro grande es Jonas Lie (1833), quizá el más noruego de todos, el verdadero clásico de su país. Todas sus condiciones contribuyeron a formarle así. Nació en Grimstael, una pobre aldea de pescadores en la región de Finmark, y a la edad de tres años se trasladó con su familia y su abuelo, magistrado, a Tronsoe, el país del sol de medianoche, a quinientas leguas del polo. En ese medio, melancólico y solitario, se formó el espíritu del más estético e independiente de todos los noruegos, y allí estudió su carrera de abogado, y fue a establecerse en Kangnvinger, donde se casó con su prima Tomasina Lie, su consoladora, su confidente, la que supo templar su alma ruda de marino taciturno y lírico. No fue precoz la obra de Lie; estudió y meditó mucho antes de escribir; leyó con pasión a su poeta Wergheland y al maestro Kierkegaard, y estudió profundamente a Byron. Su obra tardía fue un fruto de experiencia, pues empezó a escribir a los treinta y cinco años. Su libro *El Clarividente* (*Den Fremsynte*) es la obra magistral, tiene todo el ambiente de su nación, y basta ella sola para conocer «el país de la noche», esa noche larga que impresiona a sus hijos más que el interminable día. Es un libro lleno de frases felices y pinceladas de carácter, en el que describe el verdadero ambiente de un pueblo de pescadores, groseros y rudos, sin ropa de domingo, vulgar, sensual y místico a un tiempo mismo. En todas sus obras de la primera época, *El piloto y su mujer*, por ejemplo, hay la misma nota de alma de marinos y la misma forma de belleza pura y simplicísima. Pero Lie triunfa demasiado pronto y va a Europa, visita París, Roma..., esos países que no son para ellos como para nosotros, que los fecundan y los cambian. Lie abandona su género predilecto, se entrega al análisis, busca emociones nuevas, y escribe *El esclavo de la vida* y *Adam Schrader*, haciendo intervenir en las luchas sociales al Destino y las Potencias del Infierno. Es siempre, en todo, el escritor noruego más cuidadoso del estilo, más colorista, más suelto, más poeta. Ibsen y Bjørnson piensan. Lie siente. No es un pensador, tiene horror al dogmatismo y lo único que le preocupa es la belleza de la forma.

Contemporáneos suyos, pues solo hay cuatro años de diferencia entre los tres, son sus amigos Bjørnson (1832) e Ibsen (1835). Este siglo XIX fue el Siglo de Oro de Noruega.

A Bjørnson se le ha llamado el granjero de Aule*tad[1] por su vida retirada en esa granja solitaria. Nació entre las ásperas montañas de Dovrefjell, en un país de nieve que enterraba su casa durante el invierno, un país de salvajes en el que su padre tenía que predicar con una pistola bajo el hábito. Pasar de allí a Romsdal, el país de las rosas, un país alegre y claro, excitó su sensibilidad de adolescente, y hace sus primeras tentativas con ingenuos cuentos de viejas y cantares de muchachos.

Luego pasó a Christiania; se hizo amigo de Ibsen y de Lie; estudió a sus poetas Welhaven y Wergeland, que despertaron su entusiasmo, así como Kierkegaard despertó su conciencia. Pero el éxito no coronó su labor; todos le combaten; la Univer-

1   Ilegible en el original.

sidad de Christiania lo rechaza, y el gran artista va a encerrarse en Bergen, donde el gran músico Ole Bull tiene un teatro cuya dirección le confía. Allí, Bjørnson escribe *Hulda* y *Arne* y *Medea*. Todo es fuerza en él, rebeldía, gritos de cólera o bien idilios naturalistas. Vuelve a Christiania, lucha en el periodismo y funda la revista intitulada *La hoja de la tarde*, hasta que al fin, vencido, abandona su patria, viaja por Italia, Francia y Alemania, y allí, en la tranquilidad, parece que se despliega su alma, se hace más transigente y aparece lleno de lirismo en su trilogía del *Rey Sigurd*, *María Stuardo* y *Arniot Gellire*. Pero no por eso perdía su personalidad. A pesar de la influencia filosófica de sus obras, pues cuando se estrenó *El Guante*, sosteniendo la teoría de la pureza que el marido debe de llevar al matrimonio, se deshicieron millares de bodas en Noruega, y se sostiene una influencia bienhechora que aparta del vicio a la juventud; tuvo siempre su mayor ternura para las tradiciones del campo. El interior de las granjas en donde los hombres esculpen con su cuchillo la madera y las mujeres tricotan al amor de la lumbre y se cuentan fantásticas historias. Sabe dar la impresión del amor de los aldeanos, lleno de vida y de todo ese mundo confuso de las noches sin fin, poblado de fantasmas de invierno y de esos días de luz incierta y como ahogada en las brumas. La gloria de Bjørnson fue grande en vida, y a su muerte todo el pueblo noruego hizo una verdadera apoteosis para recibir su cadáver, enterrado cerca de Ibsen en el Cementerio de Christiania, y su estatua se prodiga en todas partes. Se puede afirmar que los noruegos es el escritor que más aman y más comprenden de todos sus grandes hombres.

Los principios de Ibsen fueron modestos; nació en Skien, y su juventud fue amargada por la ruina de su padre en el comercio y por los disgustos de su madre, luterana y severa. Ibsen obedeció desde muy joven a su vocación, y escribió sin influencias lo que le dictaba su exquisita sensibilidad. Su espíritu era revolucionario, rebelde, humanitario; a los veinte años, su obra *Catalina* levantó la cólera de su país y le obligó a ir a Christiania, donde, con el trato de sus amigos, se inició en la tradición romántica.

Se dejó influir por los dos grandes poetas, rivales, Welhaven y Wergeland, que han sido los principales poetas eruditos de Noruega, así como Petter Dass es el poeta popular, intérprete de sus cuentos y baladas; pero principalmente hizo su guía en la luz de Kierkegaard, eligiéndolo por afinidad, como Dante eligió a Virgilio; rima con el espíritu de Ibsen, con los elementos de su formación, el espíritu del escritor danés, ese nuevo Pascal que murió de locura, víctima del combate entre la Fe y la Razón.

Siempre revolucionario y batallador, fundó con Bjørnson, Vinge, Botten y Hansen una revista con caricaturas para flagelar a los conservadores.

Sus primeros dramas los estrenó en el teatrito de madera de Bergen, con su amigó Ole Bull, y durante el tiempo de su dirección resucitó las obras clásicas de Holberg y dio a conocer las traducciones de Shakespeare; pero fracasó en Christiania en su intento de creación del teatro nacional.

Desengañado, buscó el reposo en Bergen, «el país donde florece la libertad preciosa de la tierra, que se extiende más allá de los mares, donde frecuentemente mi barca lava sus flancos brillantes». Allí se casó con Dae Thorsen, hija del pastor, dulce, serena, consoladora; tal como debía serlo para calmar y fijar su espíritu turbulento.

En esta época, Ibsen escribe la apoteosis de Noruega, antigua en sus dramas, apasionados, patrióticos y de combate, *Los pretendientes a la Corona*, *La Castellana*, y los famosos *Guerreros de Helgeland*, esa terrible tragedia de venganza y pasión, superior a todas, en las que la fiera Hjordis mata al que ama, a Sigurd, el nibelungo escandinavo; es de una poesía sombría y furiosa. Aquí se le aplaude y, en cambio, se le rechaza en su *Comedia de Amor*, llena de un arte humano y puro; pero en la que condena los convencionalismos.

Esto amarga más a Ibsen, se hace pesimista y exclama: «El hombre más solo es el más fuerte». Emprende un viaje a Italia, rompe las fronteras, y enamorado de la luz dice como Peer Gynt: «Yo soy ciudadano del mundo».

Luego se dulcifica su pesimismo y se fija su carácter; ve la naturaleza embellecida y, en vez de los mares trágicos de antes, se le aparecen «Las olas del abismo, del misterio y del silencio, en donde las sirenas parecen dormidas y las azucenas se inclinan sobre el abismo».

Sobre el alma de Ibsen parece pesar todo el mundo trágico de almas agonizantes, clamantes, bajo el peso de la fatalidad; rechaza todas las leyes que engendran el dolor con su oposición a la naturaleza y el matrimonio que destruye el ideal; pero no quiere el libertinaje, al contrario, hay que ser severo consigo mismo, hay que purificarse para purificar, la religión de acuerdo con la conciencia. El dolor ennoblece, pero no hay que tomarlo como dogma que mate la alegría de vivir. Para él la salvación del mundo está en el amor, fuente de vida fecunda que sostiene la voluntad. Hay que querer. «Pobre viejo mundo, que no sabe querer ni sabe amar».

Las mujeres de Ibsen requerían un estudio completo. Son todas cerebrales, complicadas, y tienen una especie de repulsión de la carne. Mme. Alving, Nora Helmer, Hedda Gabler, Rebeca West, todas son sensuales y místicas, soñadoras y rebeldes, de un espíritu complicado y complejo.

Nosotros conocemos poco a Ibsen como poeta, y los noruegos aseguran que, leído en su idioma, es superior en el verso, al contrario de Bjørnson, que es superior en la prosa.

La tumba de Ibsen en Christiania lo representa como poeta; tiene como atributo un enorme martillo que hace alusión a su poema *El Minero*, recordando su bella frase: «Ábreme un camino hasta el corazón de la montaña».

De los grandes en las otras artes, solo se pueden mencionar, sumariamente, Stephan Sinding, el gran escultor, nacido en Trondheim, la ciudad más antigua de Noruega, la vieja corte, a la que están unidas sus glorias y sus leyendas. Sinding aprendió a mirar las formas bellas de sus montes y la línea sinuosa de sus fiordos. Sinding ha hecho de la escultura un arte de vida, de esplendor y de fuerza, un arte que necesita luz, y para suplir esa luz, para que no se note cómo empequeñecen a la escultura las brumas del país, exagera la masa y la rudeza de sus estatuas. Entre sus obras principales está el *Grupo bárbaro*. Una mujer vieja sostiene en sus brazos el cuerpo del hijo que acaba de expirar herido en el pecho. Aquel cuerpo de hombre desnudo es de una verdad admirable; está contraído por el dolor, y sus labios se abren brusca e inarmónicamente para lanzar un grito terrible, un grito estridente, casi grotesco, que parece desgarrar la piedra. La madre, en cambio, tiene una expresión dolorosa y resignada. En su segunda época, Sinding se afilia resueltamente a la escuela florentina, y recibe su inspiración de Leonardo y de Miguel Ángel, adquiere un parentesco espiritual con Rodin y pierde su fuerza y originalidad lo que gana en belleza.

En la música, el primer nombre que se destaca con Ole Bull es Grieg, cuya vida se desliza también en Bergen. Su música es nacional, típica; se inspira en la poesía bucólica de sus aldeanas, pastoras y granjeras; son melopeas vagas, flotantes, indecisas, simples y monótonas, que a veces tienen un encanto triste y doloroso. Una poesía de bruma y de alma inquieta y mórbida.

En sus composiciones de la primera época es sobrio y artista, insuperable en sus danzas noruegas; en sus *lieder* y sus composiciones vocales; luego hay en él una influencia extranjera, en la que se mezclan la poesía de Heine y la influencia tiránica y avasalladora de Wagner. Aparece entonces atormentado, ansioso, reflejando toda la tristeza de la tierra y de las flores pálidas que mata la nieve.

En su viaje a Roma se fija y se forma su personalidad, en la que entra una influencia latina que lucha con los avatares de los antiguos noruegos. Escribe su mejor ópera, *Peer Gynt*, el *Fausto* escandinavo, y en ella la imaginación vence a la voluntad y se manifiesta más poeta que músico; hace pasar a su héroe por todas las fases de don Quijote, y al fin regresa a Noruega. En esto vuelve a triunfar; él es superior en lo noruego, no siente el sol por más esfuerzos que hace; pero en la concepción de su poesía y su música patria es grande y puede figurar entre los grandes.

Un rasgo común se observa en todos los genios noruegos: la longevidad. Mirando sus retratos, se notan esos rasgos fuertes, sanos, tranquilos de una vejez sin decrepitud, que hacen pensar que esa constitución fuerte, rocosa, selvática, del país escandinavo, obra también sobre la constitución de sus hijos y da a sus almas la tranquilidad inalterable de los fiordos y la fuerza dominadora de sus montañas.

MARGARITA XIRGU[1]

La influencia de las personas sobre la habitación se nota desde el momento en que se entra en la Princesa. Margarita Xirgu parece haber abierto las ventanas que dan al jardín; hay un aire fresco, juvenil, simpático. Su gabinete, vestido de tapicería oscura, en cuyo fondo campean frutas, tiene algo de esos emparrados andaluces, tan acogedores para la siesta, en los que palpita la luz, la vida y la esperanza. Todos los objetos forman como un marco cálido, entonado a la figura esbelta y graciosa de la ilustre actriz, que me recibe llena de expansión, vestida aún con el elegante traje de baile que lleva en el tercer acto de *El*

1   Texto original publicado en *Confesiones de artistas. Tomo I*, Madrid, V. H. de Sanz Calleja Editores, 2015, pp. 29-38.

tercer marido. Parece escapada de una fiesta aristocrática, como si hubiese abandonado el salón en que los caballeros, de frac, bailan aún con mujeres descotadas. La conversación se entabla animada y expansiva desde el primer momento. Se ve bien pronto que la Xirgu no es una mujer vulgar; su cabello negro, su boca riente y fresca, la movilidad de sus facciones y sus ojos de luz demuestran un temperamento desbordante de vida, de pasión, capacitado para todas las vibraciones del arte. Casi no hay que preguntarle para que hable y se exprese con una noble sinceridad. Cuando le pregunto dónde y cómo ha hecho su educación artística, ella ríe y dice:

—Mi vida artística es muy original. Pertenezco a una familia muy modesta que carecía de medios para educarme... En Barcelona no tenemos conservatorio... Me he ido formando yo sola... sola..., de afición..., movida por un impulso interno.

—Sí, indudablemente es usted de las artistas que nacen, no de las que se hacen; el arte iba en usted y ha debido ser una vocación irresistible la suya, de esas que, de no poder realizarla, se hubiera muerto o envenenado.

—Sí, sí —dice riendo—. Cuando era pequeña, todos mis juegos eran representar comedias, que yo misma inventaba, invitando a las amigas y las personas que conocía. Andaba siempre representando encima de las mesas y de las sillas y recitando versos... como hacen las criaturas.

—¿Y la primera vez que usted representó?

—Fue en una sociedad de aficionados; iban a poner en escena *La muerte civil* y comprometieron a mi padre, que era muy amante del teatro, para que yo hiciera un papel. «Deja que venga la nena, deja que trabaje»; y al fin consintió.

—¿Decidió ese éxito la vocación de usted?

—Yo la tenía de siempre. La primera vez que de pequeña fui al teatro fue para ver a la Guerrero, y el ejemplo de la ilustre actriz despertó mi admiración más ardiente y mi deseo de cultivar su arte.

—¿Y cuándo debutó usted ya de un modo profesional?

—En el Teatro Romea, de Barcelona, con *Mar y cielo*, de Guimerá. Luego, en el Principal hice de Catalina en *Juventud de príncipe*... Después... la vida me ha llevado.

—¿Qué impresión conserva de su debut?

—Muy agradable… Yo tenía entonces diecisiete años; no tenía miedo ninguno…, ese miedo que tengo ahora.

—Es que ahora son intereses creados los que compromete con su fama de gran artista; pero usted debe tener ya plena confianza en sí misma.

—No, no lo crea. Los días de estreno tengo un miedo terrible.

—No es justo, estando tan acostumbrada al éxito y tan defendida por su obra pasada.

—Es verdad que no me puedo quejar. En realidad, todo me ha sido fácil; logré siempre más de lo que deseaba. En vez de buscar yo a los empresarios, ellos me buscaban a mí. ¿Quién es capaz de negarse cuando le ofrecen un puesto de primera actriz y una magnífica contrata? Pero no crea que soy ambiciosa; a mí lo que me llega al corazón es mi vida íntima, mi familia; nunca faltan en nuestra profesión disgustos, luchas, gasto de nervios… En el hogar se olvida todo, se serena todo. Al lado de mi madre y de mi marido yo soy otra… ¡Tan feliz! Un marino que llega al puerto.

Su voz se ha hecho dulce, tierna, apasionada, y bajo sus párpados pintados de azul hay la humedad de una lágrima. Se ve que es una sincera enamorada de su hogar.

—¿Y cómo ha adquirido usted la cultura que decía que le faltaba? —pregunto.

—Estudiando mucho y viajando. He estado en París, en Italia; he aprendido el francés y el italiano… Leo mucho, mucho…, todo lo que puedo.

—Es usted un ejemplo de voluntad, de autoeducación, de un anhelo raro, genial.

—La literatura italiana me encanta —sigue ella—; y sus grandes actrices tienen toda mi admiración. Tengo delirio por Italia.

—¿Y cuál es su ideal de usted en arte? —le digo, dándome cuenta de su admiración por lo italiano, al contemplar su naturaleza meridional.

—Llegar a la naturalidad más absoluta —me dice como una paradoja—. Abomino de los efectos teatrales y de los latiguillos; yo hago siempre un trabajo honrado, sin pensar en el público, sin cuidarme de arrancar el aplauso; es muy difícil la naturalidad en sentimientos que realmente no son nuestros; de modo que, para obtener el colmo de la realidad, es preciso llegar al colmo de la ficción, a la ficción de la naturalidad.

—Y el traje, ¿tiene para usted gran importancia?

—Regular. No le tengo una afición loca. Procuro que esté en relación con la importancia del personaje y con su psicología. No voy a hacer una princesa mal vestida. A Zazá la soñé yo vestida de marrón... Aquella gorrita, aquellos botoncitos, tenían que ser marrón. No concibo a Zazá vestida de otro color; me haría variar su alma y no podría hacerla como la hago. Yo necesito mi Zazá marrón. Cuando yo era muy pobre tenía mi traje de algodón... Ahora es de seda...; pero siempre marrón.

Sus palabras me demuestran la exquisita sensibilidad que había notado en ella, y me atrevo a preguntarle:

—¿Le ha costado mucho trabajo perder el acento catalán?

—¿Cree usted que lo he perdido? —pregunta, cogiéndome con viveza la mano—. Yo creo que lo conservo.

No me atrevo a contestarle, temerosa de que lo que satisfaga a la artista disguste a la patriota, y le pregunto qué obra le gusta más:

—La obra que más me gusta —responde con sinceridad— es aquella en que yo gusto más al público.

—¿Y en qué género cree usted que le gusta más?

—En el dramático; siempre he notado que lo dramático llega más al corazón del público. Yo prefiero la tragedia.

—Los grandes éxitos de usted los ha obtenido en *Salomé* —digo.

—¡Como no la hace nadie más que yo! —responde, modesta—. Pero no es la que más me gusta. *Salomé* es muy difícil. Para que usted lo comprenda, le diré que no existe en *Salomé* lo que nosotras llamamos situación. La actriz no tiene ese estímulo de sentimiento que va *in crescendo* en el segundo acto de *La Malquerida* o en el cuarto acto de *Zazá*. En *Salomé*, se sale, se baila y se representa sin preparación, sin situación, sin más excitación que la que íntimamente nos invade en nuestro cuarto al pensar que hemos de hacer *Salomé*.

—Y usted, que de tal modo siente, y hasta padece, todos los matices del arte, color, vibración, ¿no ha soñado jamás con una obra ideal que lo supere todo y que la satisfaga, la embriague, la sobrepase?

—¡Oh! No, no... Si yo fuese capaz de soñar eso, lo escribiría. Escribiría mi anhelo para que otros le dieran fama... Pero no he pensado jamás en eso.

Se queda tan pensativa, tan silenciosa, que temo haber prendido una chispa de hoguera en esa alma voraz, inquieta y ansiosa de arte y de vida.

—Cuénteme usted una anécdota de su vida teatral.

—En este momento no recuerdo más que una pequeña aventura cómica. Iba yo una vez a un pueblo a dar cuatro funciones, y para la primera noche anuncié *La dama de las camelias*; pero he aquí que el pudor de las damas del pueblo se alarma de la obra de Dumas, y una respetable comisión de abonados viene a pedirme que cambie la obra. Yo tenía que complacerlos; pero de las cuatro obras que llevaba, y no tenía ni decoración ni vestuario para sustituirlas, la más inocente era esta. No me paré en barras, y la cambié por *Zazá*... y como allí no sabían nada de *Zazá*, les pareció excelente.

Una carcajada franca acabó la anécdota que define esos pueblos de España hipócritas, sórdidos y tendenciosos.

Hemos hablado demasiado. Se acabó la piececilla final, se ha ido la gente, se han apagado las luces y seguimos charlando. Margarita Xirgu es muy comunicativa; se intima con ella rápidamente; inspira fe en la vida, tal vez por el desbordamiento y la exuberancia que hay en su carácter y en su afición. De loca que está por su arte parece una debutante, llena del primer ardor y de la primera inquietud en la primera noche. Triunfará. Su figura está llena de naturalidad; no tiene ese aspecto demasiado vistoso que encubre el carácter discreto y entrañable que hay que tener en la vida del drama, a diferencia del de la zarzuela o de la ópera. Margarita Xirgu no es de ese género de actrices que lloran hasta cuando ríen, y armoniza su figura con un arte lleno de una maravillosa prudencia. En la palabra escénica de la Xirgu hay un gran olvido del espectador: habla como en la vida, con el tono mate de la prosa, poniendo en ella una lentitud conveniente y confesional, con el pecho franco y el gesto conmovido y palpitante.

LAS ESCRITORAS[1]

La mujer portuguesa se ha distinguido, desde muy antiguo, en el cultivo de las bellas letras. Bien es conocida la pléyade de damas que floreció en la corte de la princesa doña María, la princesa sabia, y los nombres de mujeres artistas, como la hija de Gil Vicente y la religiosa Violante del Cielo.

Esa tradición parece interrumpirse y volver a aparecer en la última mitad del pasado siglo con un interesante grupo de mujeres, poco estudiado, cuya obra diseminada se hace difícil recoger.

1   Artículo publicado en *Cosmópolis. Revista mensual de literatura y crítica*, núm. 29 (mayo de 1921), pp. 75-89.

Para tener una exacta información, he recurrido a una mujer conocedora de la literatura de su patria, de gran cultura y talento, que de un modo autorizado podía hablar de las mujeres de su país.

Doña Virginia Quaresma es una de las primeras periodistas de Europa, periodista en toda la extensión de la palabra, que ha hecho los reportajes más difíciles, interesantes y peligrosos, con un arrojo desacostumbrado en la mujer latina, tanto en Lisboa como en Río Janeiro. Temperamento de artista, apasionado y vehemente, ha sabido dar a sus trabajos de reportera la altura de la crónica, emocional y literaria, logrando un interés insuperable.

Es a ella a quien me dirijo, pidiéndole noticias de sus compatriotas.

—Sé —le digo— que usted será sincera en sus juicios, y así, con la seguridad de la información verdadera, puedo ofrecer a *Cosmópolis* la originalidad de la entrevista de una periodista por otra periodista.

—Pues hablamos precisamente en días de luto para la literatura femenina: la mujer que representaba el más alto valor en Portugal acaba de morir hace unas semanas. Ella fue la maestra de todas las jóvenes que escribimos ahora. Perteneció a una falange ilustre de escritoras portuguesas, la generación que nos precedió, y que, triste es confesarlo, a pesar de vivir en un tiempo peor, en el cual los prejuicios eran mayores, fue más fuerte, más brillante, más luminosa que la nuestra, y a la que pertenecieron Claudia de Campos, Angelina Vidal, Giomar Torrezao y otras muchas.

—¿Qué obra deja María Amalia Voz de Carbalho?

—Una obra muy extensa; ha sido durante más de cincuenta años profesional de las letras. Al celebrarse sus bodas de oro literarias, fue festejada por la Academia de Ciencias de Lisboa, que había abierto para ella sus puertas. Gran poetisa y gran prosadora, deja bellos versos y libros de literatura, como *Cartas a Luisa*, *Cartas a una novia*, *Primavera de mujer*, *Arabescos*, *Cuentos y fantasías*, *Algunos hombres de mi tiempo* y el estudio *Vida del Duque de Palmeta*, por el que la duquesa, agradecida, le regaló una casa en Cascaes.

—¿Era casada?

—Sí; con el poeta lírico Gonçalvés Crespo, con el que colaboró. Tenía una hija, cuya muerte amargó sus últimos días, tanto que dejó de escribir. Contaba ya más de setenta años. Su muerte ha sido sentidísima, tanto en Portugal como en el Brasil.

—¿Y las otras que me ha citado?

—Dejaron una obra más o menos ordenada. Claudia de Campos fue una novelista psicóloga; se asemeja a Paúl Bourget en el estudio feliz de las mujeres que pasan por sus libros.

—Yo la encuentro más sincera, más escritora, más realista que todas las otras, y dominadora del estilo.

—Por eso fue muy perseguida y combatida en aquella época de prejuicios, no solo por las mujeres. Julio Dantas hizo contra ella el *Auto de la Reina Claudia*.

—No hablemos de eso. ¿Y Angelina Vidal?

—Es también poetisa y prosista, llena de profundidad y de brillo. Giomar Torrezáo se distingue como trabajadora incansable, que, aun dentro de las desdichadas circunstancias económicas que rodearon su vida, realizó una brillante labor. Hay que citar también aquí a doña Carolina Michaelis de Vasconcellos, alemana de nacimiento y portuguesa por su matrimonio con Joaquín de Vasconcelos, profesor de la Universidad de Coimbra, y también portuguesa por su obra, profundamente erudita. Sus estudios filológicos sobre los cancioneros portugueses, su crítica sobre Sá de Miranda y otras grandes figuras de la literatura portuguesa le abren un camino de reputación y de celebridad, delante del cual se han inclinado los sabios de toda Europa. Mi profesor de la Facultad de Letras, Adolfo Coelho, una autoridad también en cuestiones filológicas, decía de ella lo que Renán de Clemencia Royer: «que era el hombre de mayor genio de su tiempo».

—Pase la mala intención que en medio de la aparente galantería tiene ese piropo masculino.

—De este tiempo también es doña Virginia de Quevedo, señora de alta cultura y cualidades de artista. Doña Virginia de Quevedo tuvo un lugar preferente entre las mujeres de valor artístico y social, como Eugenia Vizeu, María de Ceo Méndez y otras damas que hicieron el encanto de los salones portugueses, de la aristocracia de las provincias; a fines del siglo pasado, principalmente en la Beira Alta, donde la vida de sociedad tenía un brillo cuasi igual al de la capital; porque doña Virginia de Quevedo era no solo escritora y poetisa inspirada, sino también música y compositora.

—Es verdaderamente una mujer de espíritu distinguido y simpático. ¿Y después de esa generación que acaba con María Amalia, su última representante?

—Tenemos a Ana de Castro Osorio, escritora social y política, que es también una educadora llena de corazón y de ideales. Tiene una obra importante, que ha ejercido una influencia incontestable en el perfeccionamiento moral de la sociedad en que vivimos.

»Los que creen que los escritores que detienen la atención en la sociología se pueden divorciar del culto por el arte tienen un ejemplo de lo contrario en doña Ana, que en el fondo de su espíritu es una artista, y ese don se destaca en toda su labor, lo mismo en sus libros de literatura *Infelizes* y *Cuatro novelas* que en las obras de combate, vibrantes y patrióticas, en los estudios profundos y en los tiernos libros para niños, amenos y pedagógicos a un tiempo mismo.

»Está también Virginia de Castro y Almeida, escritora de forma impecable, sencilla y filosófica, que ha sabido hacerse amar de los niños y admirar de los adultos. Su obra es un encanto, llena de ternura y de bondad, hecha de pedazos de su alma, que tanto sufrió, y por eso comprende tan bien la rebelión y la justicia.

»Olga Sarmentó da Silveira es un gran espíritu; su individualidad literaria quedó bien definida en ese hermoso libro de crítica literaria llamado *La Marquesa de Aloma*, que Tehopilo Braga consideró como uno de los primeros de su género. Vive hoy retirada en París, en un rinconcito lleno de sencillez y de arte.

»Alicia Pestaña (Caiel) es otra escritora profunda, infatigable, estudiosa, que ha dividido su actividad literaria entre la novela que traza las costumbres portuguesas más pintorescas y más características y los libros de pedagogía, que han merecido los más entusiastas aplausos.

»Vive en España, casada con el profesor D. Pedro Blanco.

»María Veleda es una estilista llena de color y de brillantez, que últimamente ha cultivado el periodismo con raro acierto, por el vigor y observación de sus escritos y lo imprevisto y sugestivo de la forma. En cualquier parte del mundo, más culta y más justa que nuestro medio, ella tiene talento más que suficiente para vivir cercada de confort y de deferencias; pero vive muy modestamente, cuasi pobremente, entre la indiferencia de muchos, cuyas ambiciones y vanidades sirvió de buena fe, porque es mujer de entusiasmos y de convicciones rectas y liberales.

»A esta generación pertenecen también María O'Neill, novelista distinguida y trabajadora incansable; Emilia de Sousa Costa, que tiene libros bellísimos e inspirados; María Clara Correia Alves, llena de emoción y de estudio; María Benedita de Alburquerque comenzó de un modo apreciable con la novela psicológica, siendo lástima que se haya retirado tan pronto.

—¿Y las poetisas?

—Hay una pléyade no menos brillante. Albertina Paraíso es tal vez la más antigua y una de las que con más valor marcó su lugar. No escribe ya hoy, vive retirada, ocupándose de asuntos comerciales, que son al mismo tiempo artísticos, porque ella consiguió resucitar las industrias regionales portuguesas con otras dos señoras inteligentísimas e igualmente emprendedoras y patriotas: Adelaida d'Almeida y Claudina dos Santos Franco, que dirigen la Sociedad el Arte en el Hogar.

»Alicia Moderno es una poetisa distinguida; comenzó en un tiempo en que ser poetisa o escritora era una afrenta hecha a la sociedad, cuasi un crimen.

»En una generación ya más reciente surgió María da Cunha, de la que dice Julio Dantas que «es la poetisa maravillosa de todos los tiempos». Un talento lírico de primera magnitud. Murió muy joven, lejos de su país, en el Brasil, donde la rodeó una atmósfera de verdadero fanatismo por su talento. Dejó un solo libro, *Trinidades*; pero es el libro más bello de cuantos se han escrito en poesía portuguesa. Tenía también otro casi concluido: *El Libro de la Noche*; era una verdadera maravilla por la inspiración, la riqueza de las imágenes, lo parnasiano de la forma y la opulencia del ritmo.

»Fue verdadera cultivadora del soneto, de aquí que su individualidad literaria se impone y encanta.

Tiene sonetos que parecen esculpidos sobre la biblia petrarquista. No soy yo quien lo afirmo, son los críticos portugueses más conocidos y reputados. María de Carbalho tiene unos *Vilancetes*, que recuerdan este género de poesía maravillosa cultivado en Portugal en el período álgido del Renacimiento. Publicará brevemente un libro, en el que ordenará todas sus poesías pródigamente dispersas por los periódicos y revistas.

»Domitila de Carbalho es un talento privilegiadísimo. Se doctoró de Matemáticas y Medicina en la Universidad de Coimbra, logrando las mejores calificaciones y conquistando la admiración de los maestros y de los colegas. Mujer de ciencia, es a la vez una artista de sensibilidad delicadísima; hay en sus versos un tan profundo sentimiento, un dolor tan femenino, tan enternecedoramente femenino, que parece poder defenderse en toda la obra de esta ilustre figura la filosofía de la dualidad sabia y femenina. Su libro, que tiene el sencillo nombre de *Versos*, es conmovedor. Asiste a los enfermos en los hospitales y, en cuanto cumple su misión, la médica desaparece y queda la mujer que sufre con ellos y llora sus dolores. Narró un día su pesar ante la cama de una pobre criatura enferma, que no tenía salvación y le decía todos los días, mientras ella le veía morir: «Estoy mejorcita».

»Blanca de Gouta Calaço, alma llena de ternura y talento de elección, tiene ya una obra que la coloca al lado de los primeros poetas de su tiempo. Es autora de *As Matinas*, de las canciones del medio día y de las *Aves Mañas*.

»Lutgarda de Caires es otro talento de gran relieve, poetisa llena de sentimiento, para quien las lágrimas se transforman en brillantes lapidados, que son sus versos llenos de ritmo, de sugestión y encanto. Son suyos *Glicinias* y *Sombras*.

»Aún como poetisa, pero más como periodista, tenemos que hablar de Alice Oram, la corresponsal en Portugal del *Dail Mail*. Reconozco en ella uno de los más inteligentes y valiosos colaboradores. Inglesa de nacimiento, es portuguesa por su carácter, la vivacidad imaginativa y brillante de su espíritu y su amor a Portugal.

»Finalmente, a esta falange literaria, tenemos que añadir los nombres de Plácida Ossorio, llena

de gran ternura; María Alfonsinho de Alburquerque, autora de versos notables; Casilda Pinto
Coelho de Castro, espíritu de elección, prosista
y poetisa, con recursos de cultura y de talento
admirables.

—En verdad que el cuadro que usted traza no
puede ser más floreciente.

—Pues aún tengo que hablarle de un grupo de
señoras de la alta sociedad que puede decirse hoy
que son las escritoras de moda, de tal manera que
sus escritos son disputados por los periódicos,
que no solo se aprovechan de sus talentos, sino también del reclamo de sus nombres en las altas esferas.

»Carlota Serpa Pinto es hija del gran explorador
africano Serpa Pinto, y es una de las señoras del
grupo de que le hablo, y la que se ha impuesto con
mayor triunfo y más reconocida justicia.

»Extraordinariamente culta e ilustrada, gran
observadora, graciosa, manejando una forma suya,
está construyendo una sólida obra literaria. Firma
sus trabajos con el pseudónimo de Clarinha. No
lisonjea las frivolidades de la sociedad en que vive,
no se preocupa de alabar las figuras sin valor, y a

veces insignificantes y ridículas, que tiene que tratar en un medio elegante, donde convive por su situación social. Por el contrario, sus libros son de ironía, de crítica mordaz, pero siempre comedida de las deficiencias intelectuales y la ridícula moral que existe en esa sociedad.

»Doña Genoveva de Lima Chayes es otra señora ilustre en el medio social literario. Tiene varios trabajos teatrales, pequeños poemas de luz y de ternura, que indican la conquista cierta de un puesto de gloria si continúa dedicándose a este género de literatura. La entrevisté una vez en su gabinete de trabajo, en su biblioteca variada y numerosa, y conservo una indeleble impresión del encanto de su espíritu.

»Palmira Teixeira Falcarreira firma sus versos con el pseudónimo de Azul. Son versos llenos de gracia, de sensibilidad requintada, por donde pasan el perfume y la gracia de su espíritu de mujer de salón.

»Magdalena Triqueiros (Martel) es un talento lleno de delicadeza y de gracia, que recuerda aquella frase con que un crítico apreciaba a Márivaux:

«Este Marivaux nos hace andar leguas sobre un pétalo de rosa». Y así es su libro *Encages*.

»Fernanda de Castro y Qualdros y María Theresa Leitao de Barros son también dos señoritas con un talento bien demostrado, conquistando los primeros premios en un concurso literario de *A Capital*, al cual presentaron dos piezas teatrales que son una promesa valiosa.

»Tenemos también entre las actrices mujeres muy inteligentes, que una vasta ilustración lleva a escribir, como Mercedes Blasco, interesantísima en las memorias; Lucinda do Carmo, muy apreciada en numerosos escarceos poéticos, y, por último, Lucinda Sirnoes, la grande artista, maestra de la escena portuguesa, que acaba de escribir un libro, aún inédito, en el que estudia unas veces bajo una forma profunda, y otras veces, de un modo pintoresco y anecdótico, todas las figuras culminantes de su tiempo, que conoció personalmente.

»Por último, quiero acabar citándole el nombre de una poetisa muy joven, casi una niña, y que ya es un talento consagrado. La crítica más severa abrió filas para saludar su paso. Los literatos más maldicientes enmudecieron para recogerse a admirar su valor. Virginia Victorino, la poetisa de quien hablo, es autora del libro de sonetos *Enamorados*, que es, más que una promesa, una realidad gloriosa.

—¿Cuáles de estas escritoras tienen más repercusión fuera de Portugal?

—Según. Más universal, por su labor científica, es doña Carolina Michaelis de Vasconcellos. En el Brasil era queridísima María Amalia, al norte Virginia de Castro. Ana de Castro es admiradísima por su obra educativa, artística y fundamental. María da Cunha era considerada como la embajadora intelectual de Portugal en el Brasil y, de las nuevas, Virginia Victorino es muy apreciada.

—No olvidaremos ningún nombre en este recuento espléndido, o no queda alguna de cuyo nombre no quiere usted acordarse.

—Creo que no queda ninguna que merezca ser citada y, si así es, no es culpa mía.

Después de un momento de silencio, añade:

—Creo haber sido imparcial. Nuestras escritoras son dignas de elogio, y aún podían serlo más rompiendo con los viejos prejuicios para afirmar su personalidad artística en la novela, que adolece de cierta timidez en la mayoría de los casos.

AMOR DE LITERATOS[1]

Se habla de la aparición de un libro de Gabriel D'Annunzio, las *Cartas a Lydia*, y se dice que este libro está formado por la correspondencia íntima que cambiaron el novelista italiano y la célebre Eleonora Duse; es decir, que estas cartas vienen a completar *Il Fuoco*, y son como ilustraciones de aquella conocidísima obra.

Esto hace pensar en la frecuencia con que aparecen libros vividos, la sinceridad, rayana en impudor, con que los escritores, en su afán de arte, verdad y gloria, entregan por pasto al público su propia alma sangrando; felices si al desgarrarse las entrañas pueden dar una emoción de belleza.

---

1   Artículo publicado en *Azul. Revista Hispano-Americana*, año II, núm. I (Zaragoza, 8 de marzo de 1908), pp. 3-4.

De seguir así los artistas causarán miedo a sus amantes.

Temerán ser un objeto de estudio, y aparecer entre los resplandores que iluminan los afectos más íntimos cuando una amistad rota o una *liaison* deshecha los separe.

Parece que hay en el amor un ansia de misterio, de que sus expansiones no se conozcan jamás, que queden envueltas en el silencio de las casas viejas… y sin embargo las mujeres somos las primeras en devorar esta clase de obras.

Todos esos libros en que se habla de los amores de muertos célebres se buscan con afán.

No podemos alegar en descargo nuestro que es por deseo de aprender, porque es sabido que el corazón no aprende jamás; es porque la vida de los recuerdos es la vida de los encantos. Un alma hecha para un amor no puede sentir otro, pero puede revivir un pasado por los recuerdos.

Del afán de buscar detalles de los amores de las grandes artistas, hemos pasado a que nos los menten ellos mismos, variando poco o nada en sus narraciones, sin el respeto que la persona a quien se ha amado, siquiera pasajeramente, debe inspirar siempre. En la antigüedad eran solo los hombres los que tenían derecho a revelar su amor y hacer pública su debilidad. Se publicaban sonetos a Beatriz o a Laura, pero jamás sus contestaciones.

Después, aparecieron los volúmenes de correspondencias amorosas, cuando ya habían muerto hasta los descendientes de los amantes. Ahora, al mismo tiempo que se anuncian las *Cartas a Lydia*, venganza de D'Annunzio que debe satisfacer a la Duse, porque prueba que hondamente le impresionó su amor, se anuncia también un libro de Wanda de Scher-Masoch, la esposa del célebre escritor húngaro.

Con el título de *Confesiones de mi vida*, cuenta esta mujer superior (que fue la amiga íntima de J. de Saint Cire) todas las horas dolorosas de su existencia, todas sus amarguras y decepciones, y por lo tanto todo el amor que hace nacer el libro a impulso de su recuerdo penoso.

Sacrifica al amor pasión el amor propio, y se presenta orgullosa a que la juzguen, porque se glorifica de haber sufrido y de haber amado. En sus páginas hay una valentía y nobleza, que no tiene el de D'Annunzio; es una vida que acaba y busca, como consuelo postrero, una piedad o una excusa.

Mas, de todos modos, desde que el amor entre artistas se convierte en material revelable, ha perdido su sinceridad y su frescura.

Sobre todo, hay que notar un fenómeno: las historias de amor las escribieron primero los biógrafos, después el artista que sobrevivía a su amante, ahora el que sobrevive a la pasión..., y la historia más hermosa, la del amor vivo, esa no la escribe ninguno; porque el amor es tan augusto, tan grande, que desea ocultarse en la sombra y el misterio. Lo que se siente mucho se puede expresar poco.

LA INMORALIDAD EN LA NOVELA[1]

Acabo de leer un bien escrito artículo de la serie de los que con el título de «Etica y Estética» publicará en *Ateneo* el notable novelista Antonio de Hoyos.

Él trata de una manera detenida y seria la moralidad en la novela y en el arte; y en efecto es preciso preocuparse de este asunto en vista de la invasión creciente de traducciones y libros originales que obligan a tirarlos con asco antes de acabar su lectura.

He creído siempre más peligrosos los libros románticos, que exaltan el ideal hasta un grado imposible, que los libros realistas, y jamás me asusté

[1] Artículo publicado en *Azul. Revista Hispano-Americana*, año I, núm. 7 (Zaragoza, 15 de diciembre de 1907), pp. 105-107.

del desnudo en arte creyendo que en la emoción estética no puede existir nada bastardo ni inmoral.

Sigo fiel a esta opinión.

¿Pero son de Arte todos esos libros que invaden la literatura? No. Las novelas de sensualismo cerebral con exquisiteces degeneradas, las equivocaciones en que se cantan cosas inverosímiles y antinaturales, cuando pretenden elevar un canto a la naturaleza; la ausencia de todo amor noble, de todo sentimiento del alma, que también son cosas reales; la funesta influencia de esas teorías que hacen a artistas sanos y fuertes buscar efectos y deleites describiendo como amor lo que está lejos de serlo, todo es una avalancha que destruye el arte y deja destrozada y maltrecha la literatura.

Entre estas obras y el humorismo sano de los escritores de los siglos XV y XVI y de los autores griegos y romanos, hay un abismo. Ellos pintaban desenfadadamente costumbres con las que el pueblo estaba familiarizado, cosas tan naturales en su época que no escandalizarían a nadie; los modernos escogen lo oculto y calculan los efectos blasonando de atrevimiento y libertad.

Para mí existe la misma diferencia entre estas obras realistas y estos libros inmorales que hay entre la *Maja desnuda*, de Goya, o la *Venus* de Ticiano y las estampas pornográficas de los libros de a peseta. Y esta invasión donde más se nota es en la novela; los poetas quedan envueltos en los aristocráticos velos de la belleza y no prostituyen su musa. Carrere, Villaespesa, Chocano, Rubén, Gómez Jaime, Rueda, Caballero, Julio Hoyos nos dan versos hermosos de realismo sano, o de romanticismo dulce.

¿A qué causa obedece que la novela se aparte de este camino? ¿Acaso por mal gusto del público? No lo creo. Los novelistas más leídos, los maestros Galdós, Picón, Palacio Valdés, Blasco Ibáñez, López Ballesteros, son los que venden más libros, los que alcanzan más renombre y no adulan a esa parte del público decadente y estragado que explota el libro pornográfico. La juventud sana sigue sus pasos: Ramírez Ángel, Francés, Martínez Ruiz, Hoyos, Subirá, Sassone y otros cien... El mismo Eduardo Zamacois, a quien exigencias de la necesidad obligaran a tener fama de novelista galante, apenas emancipado de la tiranía de un editor, es una pluma ganada para el Arte.

¿Cuál es pues la causa de que aumente esa clase de libros inmorales?

¿Acaso la tolerancia de la crítica? ¿Acaso el mercantilismo de autores o editores?

Los críticos serios, Zeda, Gómez Baquero, Corton, Fernández Bremón, Catarineu, Miquis y Blanco Belmonte tienen la palabra, por no decir la obligación de averiguarlo.

En Francia se está realizando una verdadera cruzada para librar su literatura de la nota de inmoral. Marcel Prevost en un hermoso artículo defiende a Sand, Balzac, Flaubert, Dumas, Sardou, Augier y Maupassant de la nota de inmorales que injustamente les dieron los envidiosos que «cuando no encuentran como desacreditar a un artista le acusan de inmoralidad» y sostiene que en la actualidad se cuida escrupulosamente de evitar la pornografía. «La primera novela de D'Annunzio publicada en francés, dice, fue cuidadosamente espulgada» y añade: «Que los extranjeros cesen ya de atormentarnos los oídos con la pretendida inmoralidad de la novela francesa. Los malos libros franceses son fabricados en el extranjero, como los malos espectáculos parisienses están sostenidos por ellos. Jamás la literatura ha sido en Francia más correcta que en 1907».

Tiene razón y conviene tener en cuenta que esas infidelidades de la mujer casada de que están llenos los libros franceses no son graves en un país donde existe el divorcio y se tiene distinta concepción de la familia. En cambio, ellos censurarían la seducción de jóvenes solteras que en nuestros libros pasa como cosa corriente.

Esta cruzada para dignificar la literatura es digna de continuarse.

Ya lo sabéis, imitadores, en Francia no priva el libro pornográfico.

ÍNDICE